Dados Internacionais de Catalogação na Publicação (CIP)
(Câmara Brasileira do Livro, SP, Brasil)

Degl'Innocenti, Fulvia
　　O Papa para pequenos e grandes / Fulvia Degl'Innocenti ; [ilustrações] Silvia Colombo ; tradução Cacilda Rainho Ferrante. – São Paulo : Paulinas, 2014.

　　Título original: Il Papa raccontato ai ragazzi.
　　ISBN 978-85-356-3690-1

　　1. Catequese　2. Educação religiosa dos adolescentes　3. História da Igreja　4. Papas　I. Colombo, Silvia.　II. Título.

13-13840　　　　　　　　　　　　　　　　　　　　　　　　　　　　　　CDD-268.433

Índices para catálogo sistemático:
　1. Adolescentes : Catequese : Educação religiosa　　268.433
　2. Catequese com adolescentes : Educação religiosa　268.433

1ª edição – 2014

Título original da obra: *Il Papa raccontato ai ragazzi*
© Paoline Editoriale Libri - Figlie di San Paolo. Via Francesco Albani, 21 - 20149 Milano Italy.

Direção-geral: *Bernadete Boff*
Editora responsável: *Maria Goretti de Oliveira*
Tradução: *Cacilda Rainho Ferrante*
Copidesque: *Ana Cecilia Mari*
Coordenação de revisão: *Marina Mendonça*
Revisão: *Ruth Mitzuie Kluska*
Gerente de produção: *Felício Calegaro Neto*
Diagramação: *Manuel Rebelato Miramontes*
Ilustrações: *Silvia Colombo*

Nenhuma parte desta obra pode ser reproduzida ou transmitida por qualquer forma e/ou quaisquer meios (eletrônico ou mecânico, incluindo fotocópia e gravação) ou arquivada em qualquer sistema ou banco de dados sem permissão escrita da Editora. Direitos reservados.

Paulinas
Rua Dona Inácia Uchoa, 62
04110-020 – São Paulo – SP (Brasil)
Tel.: (11) 2125-3500
http://www.paulinas.org.br – editora@paulinas.com.br
Telemarketing e SAC: 0800-7010081
© Pia Sociedade Filhas de São Paulo – São Paulo, 2014

Fulvia Degl'Innocenti

O PAPA
PARA PEQUENOS E GRANDES

Ilustrações
Silvia Colombo

Quem é o Papa?

*Mudam os rostos e os nomes, mas a figura daquele **homem vestido de branco** que distribui bênçãos da sacada, fala com palavras enérgicas contra os males da humanidade e consola homens e mulheres com mensagens de esperança e amor tem atravessado séculos e milênios.*

Apenas a letra i diferencia a palavra Papa de papai. Se Deus é o Pai para os fiéis, o pontífice, então, é um **Papai para a Igreja** entendida como a comunidade dos católicos, uma imensa família que conta com milhões de membros.

O Papa é, pois, o chefe da Igreja e pode ser chamado por muitos outros nomes: Santo Padre, **Sua Santidade**, Santidade. Devido a todas as funções espirituais e políticas que desenvolve, ele recebe vários títulos. Além de Bispo de Roma, é também chamado de Vigário de Cristo, Sucessor do Príncipe dos Apóstolos, Sumo Pontífice da Igreja Universal, Primado da Itália, Arcebispo Metropolitano da Província Romana, Soberano do Estado da Cidade do Vaticano, Servo dos Servos de Deus, Patriarca da Igreja Latina, Chefe do Colégio dos Bispos.

O Papa é considerado o **sucessor do apóstolo Pedro**, que Cristo encarregou de ser o pastor da Igreja universal, dizendo a frase que encontramos nos Evangelhos: "Eu lhe digo que você é Pedro e sobre esta pedra edificarei a minha Igreja. E os poderes da morte não prevalecerão contra ela. Eu lhe darei as chaves do Reino dos Céus, e aquilo que você proibir aqui na terra será proibido nos céus, e o que você permitir aqui na terra será permitido nos céus" (Mateus 16,18).

Pedro, de acordo com a tradição, depois de uma série de viagens teria ido da Palestina para Roma conduzindo a primeira comunidade cristã. Por causa de sua fé, os cristãos eram perseguidos e mortos pelos imperadores romanos. Pedro não escapou desse destino e **morreu como mártir em 67 d.C.** Condenado a ser crucificado, pediu

BISPO DE ROMA

Os fiéis da Igreja Católica são reunidos em dioceses, que correspondem mais ou menos às regiões de um estado. Como responsável de cada diocese existe um bispo. O bispo de Roma é também Papa; na verdade, o Papa é o chefe da Igreja Católica por ser o sucessor de Pedro. Ele é o primeiro bispo de Roma e o guia da Igreja. Não foi por acaso que o Papa Francisco, recém-eleito, lembrou aos fiéis: "Sabeis que o dever do conclave era dar um bispo a Roma...". Porque o Papa tem também muitas outras obrigações e a diocese romana é bastante grande (cerca de 2 milhões e meio de batizados), as obrigações do bispo são cumpridas pelo vigário-geral, um cardeal escolhido pelo Papa. A catedral de Roma não é a Basílica de São Pedro, mas a Basílica de **São João de Latrão**. Trata-se do primeiro local para o culto cristão, construído por volta do ano de 324 e originalmente dedicado ao Santíssimo Salvador. Depois, foram acrescentados os dois nomes: São João Batista e São João Evangelista.

São João de Latrão

e conseguiu ser crucificado de cabeça para baixo, pois se considerava indigno de morrer como Cristo. No lugar onde, de acordo com a tradição, Pedro foi sepultado, construiu-se mais tarde a basílica que leva seu nome.

SOBERANO DO VATICANO

O Papa é também **um rei**, o monarca absoluto do pequeno Estado em que vive, a **Cidade do Vaticano**. O pontífice detém, portanto, todos os poderes de um Estado moderno: o legislativo (ou seja, promulgar as leis), o executivo (aplicá-las) e o judiciário (fazer com que sejam respeitadas). É claro que para cumprir essas obrigações ele conta com a ajuda de cardeais e bispos do Governo e do secretário de Estado.

O que faz um Papa?

As obrigações do Papa são inúmeras e importantes, tanto no plano espiritual quanto humano. Seu serviço se chama "ministério pontifício". Em primeiro lugar, ele é o pastor e o maior guia espiritual dos cristãos.

O Papa é o guardião da união dos crentes e da pureza de sua fé que se fundamenta na Palavra de Deus. Ele defende, exorta e encoraja todos a promoverem a paz, a se reconhecerem como irmãos e a aceitarem Deus como o Pai misericordioso.

Sendo o líder supremo da Igreja Católica, isto é, universal, compete a ele o dever de proclamar os beatos e os santos, de nomear os bispos, designar-lhes uma sede e eventualmente transferi-los. Ele pode mudar o número e a dimensão das dioceses e autorizar a construção de uma catedral. Como bispo, pode autorizar simples sacerdotes a ministrarem alguns sacramentos, como, por exemplo, a Crisma, que são ministrados somente pelos bispos. Também pode impedir um matrimônio religioso, caso julgue que exista um motivo válido para isso.

AS ENCÍCLICAS

A fim de comunicar a toda a comunidade de fiéis **temas importantes** como fé, paz, misericórdia, verdade, o Papa escreve uma carta especial que se chama encíclica, uma palavra que vem do grego e significa "em círculo" (tem a mesma origem da palavra enciclopédia). As encíclicas normalmente têm um nome em latim (*Mater et magistra, Populorum progressio, Veritatis splendor, Lumen fidei...*), que deriva das primeiras duas palavras do texto. Elas começaram a existir só a partir de 1740.
Leão XIII bateu todos os recordes: em seus 25 anos de pontificado, ele escreveu 86 encíclicas! João Paulo II, em seus 26 anos e 5 meses de pontificado, escreveu 14 encíclicas, e Bento XVI, em 8 anos, escreveu 3.

O PAPA FAZ AS BULAS

Para comunicar as suas decisões, o Papa escreve **cartas**. Quando são particularmente solenes (por exemplo, quando indica um Jubileu), chamam-se **Bulas**. Na verdade, a carta é fechada com um lacre que se chamava originalmente de bula e que em latim designava um botão de metal. Atualmente esse lacre não é de metal, mas sim um carimbo de tinta vermelha com as imagens de São Pedro e de São Paulo e com o nome do Papa.

O Papa deve sempre ser informado do que acontece nas dioceses, e a cada três anos os bispos vão visitá-lo em Roma. Ele é também o mestre supremo, é aquele que aprova a prece litúrgica e estabelece quais serão as festas religiosas a serem comemoradas. É o único que pode fundar uma Universidade Católica.

O JUBILEU

É um ano especial de graça, no qual são perdoados os pecados e, durante esse período, os fiéis são instados a fazer peregrinações a lugares santos. É também o ano da penitência e da reconciliação. No Antigo Testamento fala-se que o Jubileu, celebrado a cada 50 anos, marcava a libertação dos escravos e o cancelamento das dívidas. Hoje, o Jubileu ou **Ano Santo** é celebrado a cada 25 anos, mas o Papa pode estabelecer um Jubileu extraordinário por ocasião de um acontecimento especial ou para uma devoção particular. O último Jubileu ordinário, o de 2000 (o 27º da história da Igreja), foi particularmente solene porque marcou a passagem entre dois milênios. O Papa inicia o Ano Santo no dia de Natal, abrindo a **Porta Santa da Basílica de São Pedro**, que fica fechada e murada fora desse período.

O CONCÍLIO

O Papa é o presidente das assembleias dos bispos, chamadas de concílios ou síncdos, durante os quais se procura refletir e dialogar sobre um tema da fé ou sobre temas espirituais e humanos. Ele inicia e encerra a assembleia presidindo-a e, uma vez terminada a reunião, publica uma carta apostólica que propõe a toda a Igreja as reflexões que surgiram durante o encontro. Por motivos excepcionais, pode convocar um concílio ecumênico do qual participam os cardeais, os bispos e os patriarcas da Igreja Católica de rito oriental de todo o mundo. O último concílio (**Concílio Vaticano II**) aconteceu em Roma, de 1962 a 1965, e sob dois Papas: João XXIII e Paulo VI, trazendo para a Igreja, que se abriu à modernidade e ao diálogo, muitas inovações e esperança.

Como o Papa é eleito?

Quando morre um Papa, ou quando ocorre uma renúncia (como no caso excepcional do pontificado de Bento XVI), os cardeais se reúnem em conclave para eleger um novo Papa.

A palavra conclave deriva da expressão latina cum clave, isto é, "(fechado) com a chave". É uma assembleia de todos os cardeais do mundo que ainda não completaram 80 anos de idade. Depois de celebrarem a missa na Capela Paulina da Basílica de São Pedro, os cardeais, vestidos com o hábito coral (traje de cor vermelha), cantando o *Veni Creator*, entram em procissão na Capela Sistina, uma sala esplêndida com paredes recobertas de afrescos, entre os quais o célebre Juízo Universal de Michelangelo. Nessa sala, minuciosamente examinada para assegurar que não haja microfones ou câmeras de vídeo, são colocadas duas fileiras de bancos de igreja, uma diante da outra, onde se sentam os cardeais.

Em primeiro lugar eles prestam juramento, depois o mestre das celebrações litúrgicas pronuncia a fórmula: *"Extra omnes"*, "Fuori tutti" [Saiam todos!]. Diante disso, permanecem apenas os cardeais que podem votar (não votam os que já completaram 80 anos de idade), e a porta é fechada a chave. São, então, distribuídas as cédulas retangulares nas quais deve ser escrito o nome do escolhido. Cada cardeal se levanta diante de todos os outros e se dirige ao altar onde estão três apuradores e uma urna com um prato sobreposto.

Depois de pronunciar outro juramento, o cardeal coloca a cédula no prato e, erguendo-o, deixa a cédula cair dentro da urna. Então, volta a seu lugar. Terminada a votação, a urna é agitada e se retiram as cédulas,

QUANTO TEMPO DURA UM CONCLAVE?

O conclave não tem um tempo de duração determinado. O mais longo da história se estendeu por 1.006 dias, em Viterbo (1268–1271).
No primeiro dia se faz apenas uma **votação**; nos dias seguintes, são duas pela manhã e duas à tarde, até que um dos cardeais tenha obtido **dois terços dos votos**. A partir do 13º dia do conclave, acontece uma espécie de votação em segundo turno entre os dois cardeais que obtiveram o maior número de votos na última votação (mas que não podem mais votar). É eleito Papa o que obtiver dois terços dos votos.

lendo-se em voz alta o nome escrito em cada uma delas. Cada cédula é furada para passar um fio. Terminada a apuração, as cédulas amarradas com um nó são queimadas numa estufa cuja chaminé pode ser vista na Praça de São Pedro. Quando a fumaça é preta, significa que o Papa ainda não foi eleito. Faz-se, então, nova votação, procedendo como antes, exceto pelo juramento dos cardeais. No fim do dia, se um Papa não tiver sido eleito, os cardeais se retiram para a Casa de Santa Marta. Durante o conclave não se podem comunicar de nenhuma forma com o exterior, nem revelar o que acontece durante a votação, sob pena de excomunhão, ou seja, exclusão da comunidade dos fiéis.

Quando um candidato recebe dois terços dos votos, ele é proclamado pontífice com um breve ritual, que prevê duas perguntas em latim: "Aceita sua eleição como sumo pontífice?". E depois de sua anuência: "Como deseja ser chamado?". No fim, as cédulas da eleição são postas na estufa acrescentando-se uma substância para deixar a fumaça branca. Para ressaltar o acontecimento, faz-se badalar os sinos.

A essa altura a multidão reunida na Praça de São Pedro e, também, os milhões de fiéis que seguem o evento pela televisão ficam sabendo que a Igreja Católica tem um novo Papa. O cardeal eleito vai para a "Sala das lágrimas", assim chamada porque se conta que os pontífices eleitos choram de emoção. Depois de colocar as vestes papais, ele aparece na sacada central da Basílica de São Pedro no Vaticano, sendo precedido pelo cardeal protodiácono (o cardeal mais recentemente nomeado), que anuncia para a multidão que aguarda: "Habemus Papam!" [O Papa foi eleito!].

QUEM PODE SER ELEITO PAPA?

Pode ser eleito Papa qualquer indivíduo do sexo masculino que tenha sido batizado, não seja casado, tenha mais de 35 anos de idade e goze de boa reputação. Faz séculos que sempre é eleito um bispo, geralmente **um cardeal**. O último Papa que na ocasião da eleição era um simples diácono foi João Lourenço de Médici (1513), que foi o primeiro a se tornar pontífice com o nome de Leão X, depois de ser ordenado bispo.

7

Como o Papa escolhe seu nome?

Depois de eleito, o Papa precisa indicar qual será seu novo nome. Não tem muito tempo para decidir isso. Provavelmente, quando ainda era um simples cardeal, já tivesse pensado no assunto...

Por que mudar de nome? Na verdade, por no mínimo mil anos, os Papas quase sempre conservaram o nome de batismo. Diz-se que o primeiro a mudá-lo foi Mercúrio, em 533: tinha o nome de um deus pagão e, então, se chamou João II, porque já tinha havido um João. E este nome acabou sendo o mais escolhido até hoje: 21 vezes! Talvez os mais atentos percebam que algo não ficou evidente. Recentemente, não houve o Papa João XXIII, que foi proclamado beato? Os de nome João, então, são 21 ou 23? De fato, na contagem dos Papas, com todas as confusões de dois mil anos de história e com todos esses números, foram cometidos alguns erros. João XVI foi um antipapa (isto é, não foi eleito de forma legítima), sendo "expulso" da lista oficial dos Papas. E nunca existiu um Papa João XX.

Na lista dos nomes mais cotados, depois de João, encontramos Bento (foram 16 os Papas com esse nome), Gregório (16), Clemente (14), Inocêncio (13), Leão (13), Pio (12), Estêvão (9), Bonifácio (8), Urbano (8), Alexandre (7), Adriano (6), Paulo (6).

A troca de nome tem um valor simbólico: marca uma grande mudança de um simples homem, com um nome e sobrenome, para um símbolo da Igreja Católica, em que o papel é mais importante do que a pessoa. E também o nome escolhido é simbólico. Em geral, é uma homenagem a um pontífice anterior, e isso explica a repetição dos nomes na história do papado.

Pedro

Cleto

Lino

SÓ UM PEDRO

O apóstolo Pedro é considerado o primeiro Papa, e ninguém mais escolheu se chamar Pedro em sinal de humildade com relação ao primeiro pontífice. Talvez também para afastar a **profecia de Malaquias** (atribuída a São Malaquias, bispo irlandês do século XII), segundo a qual quando chegar o fim do mundo será pontífice um... Pedro romano.

Bento XVI

Quando, em 1978, Albino Luciani elegeu-se Papa, pela primeira vez, desde 913 (quando o Papa escolheu o nome de Lando), foi escolhido um nome novo, ou seja, a união dos nomes de seus predecessores, João XXIII (que o tinha nomeado bispo) e Paulo VI (que o tinha nomeado cardeal): daí João Paulo I. Seu pontificado foi tão breve (33 dias), que seu sucessor, o polonês Karol Wojtyla, escolheu se chamar João Paulo II, como ele.

O alemão Joseph Ratzinger prestou homenagem ao Papa Bento XV por seu empenho a favor da paz durante a Primeira Guerra Mundial. E, assim, chegamos a outra revolução quanto a nomes: também o argentino Jorge Mario Bergoglio, em 13 de março de 2013, escolheu um nome inédito: Francisco, como o santo pobre de Assis, padroeiro da Itália, assim demonstrando seu empenho a favor dos pobres, da paz e do diálogo entre as diversas religiões.

E NO RESTO DO MUNDO?

O Papa, mesmo morando num pequeno Estado dentro da Itália, se comunica com os fiéis em italiano e, portanto, tem um nome italiano. Sendo uma figura espiritual e de política internacional, seu nome é traduzido para diversas línguas. O Papa Francisco, em inglês, se chama Francis; em francês, François; em italiano, Francesco. João Paulo II, em inglês, era John Paul; em francês, Jean-Paul; em polonês (a sua língua), Ian Pawel; Bento XVI, em inglês, é Benedict; em francês, Benoit; em alemão (sua língua), Benedikt. Vejamos agora como se diz Papa nas principais línguas: *pope* (inglês), *Papst* (alemão), papa (espanhol e português), papă (romeno), *pape* (francês), πάπας (grego) e *papież* (polonês). Enfim, o ideograma em chinês 教皇, o termo em árabe البابا e em hebraico אפיפיור.

9

Por que o Papa se chama Francisco?

Poucos dias após ter sido eleito, o Papa Francisco, diante de seis mil jornalistas do mundo inteiro e suas famílias, revelou os motivos da escolha de seu nome.

Durante o conclave, estava sentado a seu lado o cardeal brasileiro Dom Cláudio Hummes, que, ao saber do resultado da votação, lhe sussurrou: "Não se esqueça dos pobres!". E, assim, o Papa Francisco declarou: "Aquelas palavras me marcaram: os pobres, os pobres. Logo em seguida, relacionado aos pobres, pensei em Francisco de Assis. Aí, pensei nas guerras, enquanto a votação prosseguia, até contarem todos os votos. E Francisco é o homem da paz. Foi assim que me veio o nome na mente: Francisco de Assis. O homem da pobreza, o homem da paz, o homem que ama e cuida da Criação e, atualmente, a Criação não se encontra nada bem. É o homem que nos dá esse espírito de paz, o homem pobre... Ah, como gostaria de uma Igreja pobre e para os pobres!".

O SANTO DE ASSIS

São Francisco é, juntamente com Santa Catarina de Sena, **o padroeiro da Itália**, mas é também um dos santos mais venerados em todo o mundo. Ele nasceu em 1182, em Assis, na Úmbria, numa família rica de comerciantes de tecidos. Na época, o nome Francisco não era comum, mas foi uma homenagem que o pai quis fazer à França, o país onde tinha ficado rico. Esse nome era, pois, um hino à riqueza material. Com sua vida, Francisco, porém, se tornou para sempre o símbolo da pobreza. De fato, ainda que nos primeiros anos de sua juventude tenha sido soldado e se divertido com o jogo e as mulheres, ele ouviu o chamado do Senhor, doou toda a sua riqueza e se tornou um frade humilde que pregava o amor pelos pobres, doentes e pela natureza. Um amor comprovado também em seu célebre poema "**Cântico das criaturas**". Atormentado por muitas doenças, ele morreu com apenas 44 anos e se tornou santo menos de 2 anos depois. Celebra-se seu dia em 4 de outubro.
Sua cidade natal, **Assis**, se tornou **símbolo da paz**, sobretudo depois de ter sediado três grandes encontros entre os representantes das maiores religiões do mundo, promovidos pelo Papa João Paulo II em 1986 e 2002 e pelo Papa Bento XVI em 2011.

Poucos dias depois da eleição, na ocasião de seu primeiro *Angelus* – a prece tradicional que o Papa celebra, nas manhãs de domingo, da janela de sua residência para os fiéis que se aglomeram na Praça de São Pedro –, ele explicou que, escolhendo o nome do padroeiro italiano, quis reforçar seu vínculo espiritual com a Itália. De fato, o Papa Francisco é de origem italiana, já que seu avô nasceu na província de Asti e emigrou depois com a família para a Argentina.

TODOS OS SANTOS COM ESSE NOME

Existem na Igreja Católica 51 santos que se chamam Francisco. Entre eles, além do pobre de Assis, o eremita **São Francisco de Paula** (1416-1507), padroeiro da Calábria; o jesuíta (como o Papa Francisco) e missionário espanhol, **São Francisco Xavier** (1505-1552), que pregou na Índia, Taiwan, Japão e Malásia; e **São Francisco de Sales** (1567-1622), que inspirou muitas ordens religiosas, entre as quais a dos salesianos de Dom Bosco. É sua a frase: "Se errar, quero errar por bondade demais, em vez de por demasiado rigor". É padroeiro dos escritores e jornalistas.

O que fazia Francisco antes de ser Papa?

Jorge Mario Bergoglio nasceu em Buenos Aires (capital da Argentina), em 17 de dezembro de 1936, e descende de emigrantes piemonteses.

Seu pai Mario era contador e funcionário das estradas de ferro, enquanto sua mãe, Regina Sivori, se ocupava do lar e da educação dos cinco filhos.

Diplomou-se como técnico químico, mas, com 17 anos de idade, quando estava entrando numa igreja, ouviu o chamado de Deus. Com 21, foi acometido por uma pneumonia grave: os medicamentos não foram eficazes e teve extirpada a parte superior do pulmão direito. Quando sarou, aos 22 anos entrou para o seminário. Em 1958, decidiu continuar seu percurso entrando para a Companhia de Jesus (jesuítas), fundada por Inácio de Loyola em 1534. Os jesuítas fazem voto (ou seja, uma promessa solene feita a Deus) de obediência ao Papa e são, principalmente, dedicados às missões e à educação.

Depois de um período de estudos no Chile, ele voltou à Argentina, em 1963, para se formar em Filosofia. Durante alguns anos, lecionou Literatura e Psicologia em duas escolas, mas continuou a estudar e obteve diploma em Teologia. Sua ordenação como sacerdote se deu em 1969, quando tinha 33 anos de idade. Continuou a lecionar e a ser diretor de escolas, sendo ao mesmo tempo eleito provincial (isto é, chefe) dos jesuítas na Argentina. Esteve na Alemanha para aprofundar seus estudos e, depois, voltando à Argentina, foi nomeado bispo por João Paulo II. Em

TORCEDOR DE FUTEBOL E GRANDE APRECIADOR DE MÚSICA

Bergoglio é um grande torcedor do São Lourenço de Almagro, um time de futebol que joga na primeira divisão da Argentina. Gosta de arte e de música (seu compositor preferido é Beethoven) e, quando jovem, foi dançarino de tango, a dança típica da Argentina. Entre seus livros preferidos estão duas obras-primas italianas: *A Divina Comédia* e *Os noivos*, e seu filme preferido é *A festa de Babette*. Além do italiano e francês, do inglês e alemão, também conhece o dialeto piemontês.

1997, tornou-se *arcebispo* de Buenos Aires, primado da Argentina e grande chanceler da Universidade Católica.

Em 2001, tornou-se *cardeal* e, desde 2005, é também presidente da Conferência Episcopal (isto é, de todos os bispos) da Argentina. No conclave de 2005, foi o cardeal que obteve o maior número de votos depois de Joseph Ratzinger, que foi Papa com o nome de Bento XVI.

Uma vida de encargos importantes e títulos que não afetou sua *simplicidade e humildade*: sempre viveu num apartamento modesto, às vezes até cozinhava. Em Buenos Aires andava a pé e de ônibus, procurando estar sempre próximo dos mais humildes e mais pobres com palavras e obras, como em 2001, quando, durante uma visita a um hospital de Buenos Aires, quis lavar e beijar os pés de doze doentes de Aids. Ou quando lavou os pés de recém-nascidos na enfermaria de uma maternidade.

O PONTÍFICE DOS PRIMADOS

Desde o momento de sua eleição, Jorge Mario Bergoglio foi o Papa dos primados. Além disso, seu predecessor Bento XVI ainda está vivo, pois excepcionalmente renunciou a seu cargo, tornando-se assim Papa emérito. Criou-se uma situação inusitada na história da Igreja: ter... dois Papas!

O Papa Francisco foi o primeiro Papa **não europeu** da época moderna; o primeiro Papa **jesuíta**; o primeiro Papa a escolher o nome **Francisco**; o primeiro Papa a exortar os fiéis saudando-os com um simples: "Caros irmãos e irmãs, **boa-tarde**", e pedindo-lhes que rezassem por ele.

Papa Francisco quando cardeal

13

Que vestimenta é usada pelo Papa?

A cor típica da vestimenta papal é o **branco**, símbolo da pureza. A **batina** (é assim que se chama o traje dos sacerdotes), exceto pela cor, é igual à dos cardeais.

Uma veste comprida até aos pés, com uma fileira de botões próximos uns dos outros, tendo na cintura uma faixa com franjas douradas, sobre a qual é bordado o emblema papal: eis a veste do Papa. Sobre os ombros uma pequena capa. Na cabeça, o solidéu, um pequeno barrete de tecido que cobre apenas a parte superior da cabeça; é dividido em oito segmentos, e simboliza a humildade, a submissão a Deus; é como se representasse a mão divina sobre o Papa. Sobre a veste, uma cruz peitoral pendurada em um cordão.

Os sapatos deveriam ser vermelhos, bem como outros acessórios, incluindo a capa. O vermelho representa o martírio de São Pedro, mas também é a cor do amor de Deus e do fogo do Espírito Santo.

Papa Francisco renunciou aos sapatos vermelhos, preferindo o simples mocassim preto.

Além do solidéu, o Papa usa o chapéu romano ou o saturno (porque se assemelha à forma do planeta com seus anéis) de cor vermelha, com abas largas, ligeiramente levantadas para os lados, com longos fios de ouro; pode ser de feltro para o inverno, ou de palha de Florença

POR QUE NA MISSA AS CORES MUDAM?

Como qualquer sacerdote celebrante, o Papa veste os paramentos litúrgicos, que possuem cores diferentes segundo a época do ano. Sobre a batina, o Papa usa a alva, veste branca que vai até os tornozelos. Sobre ela usa uma **estola**, espécie de echarpe que indica a ordem sacerdotal e que cobre desde os ombros até as pernas; e, aí, a **casula**, cujas cores litúrgicas são cinco: branco, verde, vermelho, roxo e rosa. O **branco** é a cor da ressurreição e da luz. É usado na Páscoa, no Natal, na Quinta-feira Santa, nos dias do Senhor, de Nossa Senhora e dos santos não mártires, mas também em batismos, Primeira Eucaristia e matrimônios. O **vermelho** lembra o sangue de Cristo e o Espírito Santo que possibilita demonstrar a própria fé também com a oferenda da própria vida: é

14

para o verão. Raramente usa o **camauro**, um gorro de inverno de veludo vermelho bordado com arminho.

Para se abrigar do frio, o Papa veste sobre a batina um **casaco branco** longo. Em ocasiões particulares pode usar o **ferraiolo**, uma capa vermelha.

usado no Domingo de Ramos, na Sexta-feira Santa, em Pentecostes, nos dias dos Santos Mártires, na Crisma e no funeral do Papa. O **roxo** é a cor da penitência, da espera e da esperança nos momentos de sofrimento. É usado no Advento e na Quaresma, no sacramento da penitência, nos funerais e para a celebração dos mortos.

O **rosa** é usado somente no rito romano no terceiro domingo do Advento e no quarto domingo da Quaresma. Indica que as festividades estão próximas.

Nos dias considerados comuns a cor é o **verde**, que expressa a juventude da Igreja e a retomada de uma nova vida; está ligada à natureza e à explosão da primavera. Nas procissões a veste litúrgica usada é o **pluvial**, um manto comprido que chega quase aos pés, aberto na frente e preso no peito por um broche.

O PÁLIO E OS CORDEIROS

Os arcebispos metropolitanos, isto é, os bispos que dirigem as arquidioceses, quando celebram a missa usam o pálio, uma estola de lã branca colocada nos ombros para representar a ovelha que o pastor carrega nos ombros. O Papa, de fato, é o pastor dos fiéis. No pálio há seis cruzes vermelhas que representam a Paixão de Cristo oferecida por amor à humanidade. Três delas são transpassadas por três alfinetes de ouro que lembram os pregos da crucificação. O pálio acaba com uma borda de seda preta que simboliza os cascos do cordeiro.

A lã usada para tecer os pálios provém de dois cordeiros criados pelos monges trapistas na Abadia das Três Fontes, em Roma.

O pálio representa a comunhão entre o Papa e o colégio dos bispos na Igreja. Todos os anos, no dia 29 de junho, durante a missa da Festa de São Pedro e São Paulo, o Papa entrega os pálios abençoados aos novos arcebispos, colocando-os sobre seus ombros.

15

Quais são os símbolos do Papa?

*O primeiro de todos é **o anel do pescador** com a efígie de São Pedro, que o Papa recebe no início de seu pontificado, durante a missa solene celebrada na Basílica de São Pedro alguns dias depois de sua eleição.*

Anel de São Pedro

Os objetos e trajes do Papa possuem forte significado simbólico. O anel é de ouro ou de prata dourada, e o Papa o usa no dedo anular da mão direita. Representa seu *vínculo com São Pedro e com a Igreja*. Tem gravada a figura do chefe dos apóstolos, mas o tema pode variar. O anel de Bento XVI mostra Pedro jogando as redes. Ele foi, de fato, um pescador e, quando Jesus o chamou para si, disse-lhe que se tornaria um "pescador de homens".

O Papa Francisco, porém, escolheu uma imagem em que o apóstolo traz as chaves do Reino dos Céus. Na borda da imagem também está gravado o nome do pontífice. Por isso, quando o Papa morre, o cardeal camerlengo (aquele que substitui o Papa em sua ausência ou enquanto se espera que um novo seja eleito) grava uma cruz no anel de São Pedro com um cinzel e, depois, o quebra com um martelete de prata. O anel, assim cancelado, ficará guardado nos museus do Vaticano. Todavia, o anel de João Paulo II não foi quebrado, mas consagrado a São José, e se encontra na igreja dos Carmelitas Descalços, em Wadowice, cidade natal do pontífice.

A INSÍGNIA DO PAPA FRANCISCO

O escudo no brasão do Papa Francisco tem no alto um chapéu (a mitra papal); abaixo estão **duas chaves cruzadas**, uma de ouro e a outra de prata, que representam os dois poderes, o espiritual e o temporal. Num retângulo azul (que lembra o céu e as virtudes mais elevadas, como a devoção, a fidelidade e a justiça), estão o sol da Congregação dos Jesuítas, à qual pertence o Papa, a inscrição JHS, que lembra Cristo; abaixo, à esquerda, a estrela que evoca Nossa Senhora e, à direita, uma flor de nardo, símbolo de São José. Em todo brasão papal o lema é em latim: uma passagem da Sagrada Escritura que mostra o sentido que se deseja dar à própria missão.

O lema do Papa Francisco é *Miserando atque eligendo*, isto é, "Olhou-o com compaixão e o escolheu", referindo-se ao momento em que Jesus chamou Mateus, um arrecadador de impostos, para se tornar seu apóstolo.

Báculo pastoral

Mitra

Outro símbolo com o qual o Papa aparece para os fiéis desde a primeira vez é a cruz peitoral. Um crucifixo, geralmente de ouro, que fica pendurado numa corrente também de ouro, usado sobre a batina, com um cordel. Todavia, o Papa Francisco preferiu manter sua cruz de prata de bispo.

Na missa de instituição é entregue ao Papa o pálio, um paramento litúrgico de lã de cordeiro com cruzes vermelhas, que sempre lembra seu papel de pastor que carrega nos ombros a ovelha perdida.

Cada Papa escolhe seu próprio brasão, que é formado por um escudo composto de vários elementos simbólicos e um lema.

O BÁCULO E A MITRA

O chapéu mais solene é a **mitra**, que o Papa tem em comum com os bispos. É feita com dois pedaços de tecido rígido com a forma ogival, unidos parcialmente na parte lateral com duas faixas de tela chamadas ínfulas, que descem até os ombros. Possui uma série de bordados e é usada em alguns momentos durante a missa e em ocasiões solenes, como as procissões e as visitas pastorais.

Outro elemento que tem em comum com os bispos é o **báculo pastoral**, o cajado que no caso do Papa é chamado de férula ou cruz piscatória. Não é curvo como o dos bispos, mas tem uma cruz na extremidade superior (outrora tinha três braços). Também nesse caso o cajado lembra a função de pastor do Papa, que orienta o rebanho das almas para a salvação.

Cruz peitoral

Que língua o Papa fala?

O Papa se dirige aos católicos de todo o mundo e, em algumas ocasiões, procura se comunicar em sua língua: por exemplo, quando recebe uma delegação estrangeira no Vaticano.

O Papa conhece pelo menos três línguas: a sua língua pátria (no caso do Papa Francisco é o espanhol, e a de seu predecessor Bento XVI era o alemão); o italiano, porque a sede do papado é em território italiano e esta é a língua entendida pela maioria dos fiéis que vão à Praça São Pedro, tanto para a audiência das quartas-feiras como para o *Angelus* aos domingos; e o latim, que é a língua oficial da Santa Sé.

Bento XVI decidiu anunciar aos cardeais a sua renúncia ao papado falando em latim.

Para ressaltar sua proximidade de todos os povos da terra, em alguns momentos o Papa concede uma bênção em várias línguas. No Natal de 2012, o Papa Bento XVI desejou Feliz Natal em 56 línguas.

João Paulo II, de origem polonesa, quando foi eleito Papa (o primeiro papa não italiano depois de 455 anos!), em seu primeiro discurso aos fiéis como o Papa "que veio de um país distante", disse uma frase que se tornou histórica: "Se eu cometer algum erro, me corrijam!".

Para o Papa Francisco foi mais fácil, pois, embora tenha declarado que os cardeais haviam buscado um Papa "no fim do mundo", conhecia bem o italiano graças à origem piemontesa de sua família.

Embora o Estado da Cidade do Vaticano utilize como língua corrente o italiano, o latim é a língua oficial da redação de documentos: até os

ITE MISSA EST

Antes do Concílio Vaticano II, a missa era celebrada **somente** em latim e terminava com a frase *Ite missa est*, substituída por "Ide em paz, e que o Senhor vos acompanhe". As pessoas mais idosas certamente se lembram dos cantos e preces em latim (*Pater noster qui es in caelis...*), cujo significado talvez não entendessem. Ainda atualmente é possível celebrar a missa em latim (que continua sendo a língua oficial da Igreja), mesmo que isso aconteça **muito raramente**. Igualmente estão presentes na liturgia cantos solenes em latim, entre os quais estão aqueles com música de compositores renascentistas, como João da Palestrina, e cantos gregorianos, que não são acompanhados por instrumentos musicais.

O latim é estudado por todos os sacerdotes e é uma matéria ainda ensinada em alguns colégios e universidades.

@Pontifex

caixas automáticos são em latim! E a eleição do Papa foi anunciada com a seguinte frase ritual:

Annuntio vobis gaudium magnum;
habemus Papam:
Eminentissimum ac Reverendissimum
Dominum,
Dominum Georgium Marium,
Sanctae Romanae Ecclesiae
Cardinalem Bergoglio
qui sibi nomen imposuit Franciscum.

Ou seja:
Vos anuncio uma grande alegria;
temos um Papa:
o Eminentíssimo e Reverendíssimo Senhor,
Senhor Jorge Mario,
Cardeal Bergoglio, da Santa Igreja Romana,
que adotou o nome de Francisco.

O PAPA É TECNOLÓGICO?

Uma das linguagens mais difundidas em nossos tempos é a do meio tecnológico: PC, web, rede social, e a dos vários meios de comunicação existentes, que podem atingir um grande número de pessoas. Além dos sites oficiais da Santa Sé (entre os quais <www.vatican.va>) e do uso do Pinterest (rede social para o compartilhamento de fotos), o Papa tem uma conta pessoal no Twitter, @Pontifex. Quase diariamente ele envia uma mensagem para os numerosos fiéis que o seguem em nove línguas diferentes, entre as quais o latim. E **os seguidores que falam o latim** (que permanece, todavia, uma língua universal) são mais numerosos do que os que falam o alemão.

Mensagens breves, ensino da fé, esperança e caridade, como este *tweet*: "Como seria maravilhoso se cada um de nós à noite pudesse dizer: 'Hoje tive um gesto de amor para com os outros'". O Papa acredita tanto no uso da internet que, por ocasião da Jornada Mundial da Juventude, no Rio de Janeiro, concedeu plena indulgência (isto é, um perdão especial dos pecados) também aos fiéis que não puderam ir pessoalmente ao Brasil, mas que seguiram, de forma permanente e intensa, os ritos e celebrações ao vivo, isto é, a distância e através do computador.

Onde o Papa vive?

A Basílica de São Pedro, que é a maior Igreja Católica do mundo, é também uma espécie de porta de entrada para a **Cidade do Vaticano**, que, porém, é o menor Estado do mundo.

Bandeira do Vaticano

O Papa mora no Vaticano e também é seu soberano. O pequeno reino se localiza na colina Vaticano, que deve seu nome ao fato de na época dos antigos etruscos ali morarem os oráculos, isto é, pessoas que eram capazes de fazer previsões, também chamadas de vaticínios. É cercado de muros e inclui uma série de construções, entre as quais as mais importantes são o **Palácio Apostólico**, onde estão os apartamentos papais, o Palácio do Governo, os museus do Vaticano.

Como qualquer Estado, o Vaticano tem uma **bandeira**: duas listras verticais, uma amarela, símbolo da salvação depois da ressurreição de Jesus, e uma branca, símbolo da pureza. Na parte branca se encontram as mesmas chaves cruzadas que vimos no brasão do Papa, tendo em cima um chapéu.

A GUARDA SUÍÇA

Para a proteção do Papa existe a guarda suíça, composta de **110 soldados**, cidadãos suíços, solteiros (exceto os oficiais), que têm entre 18 e 30 anos de idade. Eles usam um traje renascentista característico, com listras azuis, vermelhas e laranja, um elmo com penas e uma alabarda.

Trata-se de uma tradição iniciada em **1506** quando, depois de um acordo com a Suíça, 150 soldados se colocaram a serviço do pontífice. Todos os anos, no dia 6 de maio, os novos soldados prestam **juramento** com as seguintes palavras: "Juro servir fiel, leal e honradamente o Sumo Pontífice e seus legítimos sucessores, bem como me dedicar a eles com todas as forças, sacrificando, se necessário, também a vida para defendê-los".

Basílica de São Pedro

Palácio Apostólico

Embora seja um Estado em miniatura, encontramos aí tudo que é necessário para a vida do Papa e dos residentes, que são mais de 800. Há uma agência de correio, um supermercado, uma farmácia, um posto de gasolina, uma estação ferroviária e um heliporto. O Vaticano possui uma estação de rádio, a Rádio Vaticana, que transmite para o mundo todo em várias línguas; um jornal diário, *L'Osservatore Romano*, uma estação de TV, que transmite todas as celebrações do Papa, e uma editora (a Libreria Editrice Vaticana).

Os jardins do Vaticano são muito belos: possuem fontes, estátuas, imagens votivas dedicadas a Nossa Senhora e, também, um grande número de pássaros.

Pertencem à Cidade do Vaticano também algumas zonas extraterritoriais, sobretudo igrejas no território romano. Por exemplo, as três principais basílicas papais (São João de Latrão, São Paulo Extramuros e Santa Maria Maior). São também encontradas em outras cidades, como a Basílica de São Francisco de Assis, a Basílica de Santo Antônio, em Pádua, o Santuário da Virgem do Rosário, em Pompeia, e a Basílica de Nossa Senhora de Loreto.

OS MUSEUS DO VATICANO

A Cidade do Vaticano é também um local turístico, principalmente devido aos museus do Vaticano, que recebem cerca de seis milhões de visitantes por ano. Eles são os mais visitados da península italiana.

São quase 30 e incluem, entre outras coisas, as salas de afrescos de Rafael, nos apartamentos papais, e a **Capela Sistina** (o local onde o Papa é eleito), com os afrescos de Michelangelo e outros artistas importantes como Pinturicchio, Botticelli, Perugino, Ghirlandaio. A Capela tem esse nome porque foi o Papa Sisto IV que a construiu entre 1476 e 1481. Dentre as salas mais curiosas dos museus do Vaticano está a comprida Galeria dos Mapas (120 metros), tendo nas paredes os mapas antigos da Itália e o Pavilhão das Carruagens e Veículos pertencentes aos Papas. Existem também as **liteiras**, nas quais o Papa se sentava para ser levado em meio à multidão. Eram cadeiras portáteis, sustentadas por duas varas compridas, e carregadas nos ombros por uma dezena de homens chamados *portadores*. Foram abolidas em 1978 por João Paulo II.

São Paulo Extramuros

21

Como o Papa passa os dias?

Os Papas ficam num **apartamento papal** imenso, onde o pontífice vive com uma série de outras pessoas, principalmente religiosos e religiosas, que são chamados de "a família do Papa".

O Papa Francisco usa o apartamento papal somente para as visitas oficiais de Estado (como, por exemplo, a do Presidente da República da Itália) e nas bênçãos dominicais. Ele, na verdade, decidiu morar na Casa de Santa Marta (um ex-mosteiro), uma espécie de hotel destinado a hospedar convidados e cardeais vindos do mundo inteiro para um conclave.

Os Papas são todos madrugadores, e seu dia sempre tem início bem cedo. Têm muitos compromissos e, logo que toca o despertador (às 4h45 para o Papa Francisco), eles se dedicam à meditação. Às 7h o Papa celebra a missa na Capela de Santa Marta, pronuncia uma breve homilia e, depois, saúda o grupo de convidados do dia: os funcionários do Vaticano, ou a comunidade argentina em Roma, ou os empregados da tipografia do Vaticano e do jornal diário *L'Osservatore Romano*. Às 8h toma o café da manhã e, em seguida, inicia-se o dia de trabalho. O Papa vai para seu escritório, onde lê a resenha da imprensa com os artigos mais importantes dos vários jornais nacionais e internacionais, e verifica e assina documentos. Sua assinatura é em latim: *Franciscus*.

A CASA DO PAPA

A Casa de Santa Marta possui 106 suítes, 22 apartamentos de solteiro e um apartamento no segundo andar (n. **201**), no qual o Papa Francisco mora. É composto de uma sala com algumas poltronas e um sofá, uma escrivaninha com um crucifixo na parte posterior, uma estante de livros envidraçada, um tapete. Há também um quarto com uma cama de madeira escura, um acesso e um banheiro.
Não existe cozinha porque as refeições são servidas num refeitório *self-service* onde o Papa faz fila com sua bandeja e se senta onde houver lugar.
Além do Papa, na Casa de Santa Marta moram cerca de trinta sacerdotes da secretaria de Estado, alguns funcionários laicos e os bispos do mundo inteiro que chegam a **Roma** para passar alguns dias.

Reprodução da gruta de Lourdes

Os secretários passam para o Papa a correspondência e os dossiês que tratam dos problemas da Igreja no mundo inteiro.

Às 10h30 ocorrem as audiências privadas: visitas oficiais de cardeais e bispos, ou de figuras importantes de outras religiões, além de pessoas comuns, associações, grupos de atletas, artistas, jornalistas, editores.

Às 13h é o almoço e, depois, o Papa se concede um pequeno passeio nos jardins do Vaticano, antes de voltar para seu escritório, onde vai principalmente cuidar da redação de cartas, encíclicas, livros. No fim da tarde há outras visitas, antes do jantar às 19h30 ou 20h. Depois do jantar é hora da prece e, enfim, às 22h começa o repouso: a luz de seu quarto, que se pode ver da rua, se apaga. Todas as quartas-feiras, às 10h30 da manhã, há uma audiência geral ao ar livre na Praça de São Pedro, onde o Papa, acomodado num baldaquim, diante da Basílica, dá a sua bênção. Caso faça mau tempo, a audiência acontece dentro de um salão, a Sala Nervi, também chamada de Salão Paulo VI.

Castel Gandolfo

O PAPA TIRA FÉRIAS?

Os pontífices também têm direito a alguns dias de descanso. A residência oficial de férias do Papa é **Castel Gandolfo**, um vilarejo de nove mil habitantes, nas montanhas, onde durante o verão o clima é mais ameno do que na cidade. Os Papas também passam períodos curtos em outros lugares: João Paulo II era apaixonado pelas montanhas e costumava ir ao **Valle d'Aosta** e Adamello, onde fazia longas caminhadas no verão e esquiava no inverno. Ele falou das **montanhas**: "Não só constituem um magnífico cenário para ser visto, mas são quase uma escola de vida. Com elas se aprende a se esforçar para alcançar um objetivo, a nos ajudar uns aos outros, a gozarmos juntos do silêncio, a reconhecermos a própria pequenez num 'ambiente majestoso'". Já Bento XVI que definiu as férias como: "**Um dom de Deus** para revitalizar o corpo e o espírito", escolheu passar férias nas montanhas do Valle D'Aosta e do Alto Adige.

Como é constituída a igreja do Papa?

Quatro igrejas são agraciadas com o título de basílicas papais:
a Basílica de São João de Latrão,
a Basílica de Santa Maria Maior,
a Basílica de São Paulo Extramuros
e a Basílica de São Pedro.

As quatro basílicas possuem um altar papal e uma Porta Santa, que só é aberta por ocasião do Ano Santo ou Jubileu. Todavia, a igreja símbolo do Papa é aquela que traz o nome do primeiro Papa, ou seja, a Basílica de São Pedro, a maior igreja católica e uma das maiores construções do mundo.

Com um comprimento de 216 metros, tem uma área de cerca de 23 mil metros quadrados. O prédio atual terminou de ser construído em 1626, mas o núcleo original surgiu na época do imperador Constantino, sobre o túmulo de São Pedro. Sua grandiosidade começa na praça projetada pelo arquiteto Bernini. Tem formato oval, possuindo no centro o obelisco do Vaticano, testemunha de martírio porque veio de uma arena romana onde foram mortos milhares de cristãos. Essa praça enorme fica repleta de fiéis (pode comportar até 300 mil pessoas) e é cercada por um

AS MISSAS DO PAPA

Todas as manhãs o Papa celebra uma missa na capela da Casa de Santa Marta onde mora. Na Basílica de São Pedro são celebradas missas em ocasiões solenes e especiais. Por exemplo, nas principais festas litúrgicas (véspera de Natal, Dia de Reis, comemoração da Festa de São Pedro e São Paulo), na canonização de santos e beatos, em ordenações presbiterais, funerais de cardeais... Essas missas, bem como as ocasiões em que o Papa se dirige publicamente aos fiéis, são transmitidas pela **Televisão do Vaticano** (CTV) e retransmitidas pelos canais de TV da RAI e da TV2000. Trechos de homilias e outros discursos do Papa podem ser vistos e ouvidos no site da rádio do Vaticano: <www.radiovaticana.va>.

Altar maior

OS TÚMULOS DOS PAPAS

Quem vai de excursão a Roma não pode deixar de subir na **Cúpula** da Basílica de São Pedro (da base até o topo da claraboia são 136 metros, com 42 de diâmetro), projetada por Michelangelo, que é chamada pelos romanos de Grande Cúpula. Lá de cima se pode admirar uma vista deslumbrante e ver o interior da basílica do alto. Os mais corajosos podem dispensar o elevador e subir os 537 degraus em espiral que levam até o topo. No começo da escadaria há uma lápide com os nomes de todos os Papas sepultados na Basílica de São Pedro. Os túmulos de 21 deles estão nas **Grutas do Vaticano**, uma espécie de igreja subterrânea debaixo da nave central da basílica, erguida sobre o túmulo do apóstolo Pedro. No interior da basílica, numa urna dourada, está o corpo do Papa João XXIII, porém, os restos mortais de João Paulo II ficam debaixo do altar da Capela de São Sebastião. A maioria dos Papas está sepultada em igrejas romanas, mas também há alguns enterrados em outras cidades italianas; há cinco na França e um na Alemanha.

Pietà de Michelangelo

conjunto de 4 fileiras de 284 colunas, com 140 estátuas de santos sobre a balaustrada.

O interior da basílica é também majestoso: 45 altares, 11 capelas e inúmeras obras de arte, entre as quais, na primeira capela à direita, está a famosa **Pietà de Michelangelo**, uma escultura em mármore branco que representa Nossa Senhora, levando nos braços o corpo de Jesus tirado da cruz. O pintor a esculpiu quando tinha apenas 24 anos de idade, usando um único bloco de mármore.

25

Quanto tempo dura um pontificado?

Pio IX

João Paulo II

Um célebre provérbio diz: "Morto um Papa, se faz um outro". Um pontífice declina na sua morte, depois da qual se procede à convocação do conclave e de uma nova eleição.

A duração de um papado é muito variável e depende da idade do pontífice no momento em que foi eleito e de suas condições de saúde. Há papados que duraram décadas e outros, poucos dias.

Sem levar em conta o apóstolo Pedro – o pontificado mais longo da história da Igreja Católica –, o de Pio IX foi o mais longo, pois foi Papa de 1846 a 1878: 31 anos, 7 meses e 23 dias. Durante seu papado, com base na precisão de 1870, o Estado pontifício, do qual era soberano, foi anexado ao Reino da Itália, que fora formado em 1860. Roma se tornou capital da Itália e o Papa, então, se retirou para o Vaticano.

O segundo pontificado mais longo foi o do polonês Karol Wojtyla, que se tornou Papa em 1978, com o nome de João Paulo II. Morreu em 2005, depois de um pontificado de 26 anos, 5 meses e 17 dias.

A eleição de João Paulo II foi uma verdadeira surpresa: tinha 58 anos de idade (portanto, um Papa jovem) e fazia 455 anos que todos os Papas eleitos eram italianos. Em 1981, sofreu um sério atentado: na Praça de São Pedro, foi ferido no abdome por dois tiros de pistola disparados por Ali Agca, um jovem terrorista turco que se encontrava no meio da multidão.

Curiosamente, o longuíssimo pontificado de João Paulo II se deu depois de um dos mais breves, o de João Paulo I, que durou apenas 33 dias.

QUANDO O PAPA RENUNCIA

É previsto que o Papa possa renunciar de espontânea vontade. Tecnicamente se fala de renúncia ao cargo de pontífice romano. Pouquíssimos Papas na história renunciaram, e sempre devido a lutas, exílios, perseguições. A única renúncia na época moderna, diante dos olhos maravilhados do mundo inteiro, foi a de **Bento XVI**, que, em 11 de fevereiro de 2013, durante um encontro com os cardeais, falando em latim, anunciou sua decisão. Foram estas as suas palavras: "Depois de repetidamente ter feito um exame de consciência perante Deus, cheguei à conclusão de que minhas forças, devido à avançada idade, não são mais aptas para exercer de maneira adequada o ministério de Pedro... Por isso, estando ciente da gravidade desse ato, com total liberdade, declaro que renuncio ao ministério de bispo de Roma".

Deu-se, então, o caso extraordinário de ser convocado um conclave com um Papa ainda vivo. Bento XVI tornou-se Papa emérito e continuou a usar a batina e o solidéu brancos.

 João Paulo I
 Celestino IV
 Urbano VII
 Estêvão II

Mas houve pontificados até mais curtos: o do Papa Urbano VII, em 1590, durou **16 dias** e, anteriormente, o de Celestino IV, em 1241, 17 dias.

O recorde de pontificado mais breve é o do Papa Estêvão II, que morreu três dias depois de sua eleição. Mas não foi incluído na contagem dos Papas porque na ocasião de sua morte ainda não tinha ocorrido a sua posse.

O Papa mais idoso foi **Leão XIII**, que morreu em 1903, depois de 25 anos de pontificado, com a idade de 93 anos e 140 dias.

A GRANDE RECUSA

Antes do episódio com Bento XVI, o caso mais célebre de renúncia ao cargo de pontífice foi o de **Celestino V**, chamado também de "o Papa da grande recusa", devido a uma citação feita pelo poeta Dante Alighieri na *Divina Comédia*. Pietro Morrone (nasceu entre 1209 e 1215) era um monge idoso eremita e candidato a santo, que foi eleito Papa em 1294, depois de um conclave que durou 27 meses! Após apenas 100 dias de pontificado, sentindo-se inadequado para a difícil tarefa de Papa, renunciou. Queria voltar para a vida monástica, mas, na verdade, morreu como prisioneiro de Bonifácio VIII, o novo Papa.

A saudação dos cardeais a Bento XVI, Papa emérito

Os Papas são santos?

Entre os títulos que recebe, existe o de *Santo Padre*, mas a santidade não é uma característica automática pelo fato de ser Papa.

Padre Pio

São Silvestre

São Gregório Magno

São Pio X

São no total 76 os Papas venerados como santos e também há uma série de beatos. Nos primeiros cinco séculos da história da Igreja, todos os Papas foram proclamados santos (de São Pedro a São Félix IV, que morreu em 530), com apenas duas exceções. Muitos foram mortos durante as perseguições aos cristãos, logo, foram mártires. Com o passar dos séculos, as canonizações dos Papas tornaram-se cada vez mais raras, mesmo porque, depois do século XII, foi introduzido um processo adequado para o reconhecimento da santidade.

Entre os Papas santos mais célebres temos *São Gregório I, o Grande* (540-604), de onde provém o nome dos cantos gregorianos, cantados por um coro sem o acompanhamento de instrumentos musicais durante a missa; e *São Silvestre*, celebrado no dia 31 de dezembro e que deu nome ao Ano-Novo (também chamado de *réveillon* de São Silvestre).

AS CANONIZAÇÕES

Uma das tarefas dos Papas é a de proclamar – como **servos de Deus, veneráveis, beatos e santos** – homens e mulheres religiosos ou laicos que, depois de pesquisas profundas e exames, revelam ter uma fé excepcional, uma vida exemplar, aos quais são atribuídos milagres, curas milagrosas que a ciência não consegue explicar. O processo para reconhecer os vários graus de santidade de uma pessoa se chama canonização.

O Papa que mais se distinguiu nos processos de canonização foi João Paulo II, que beatificou 1.338 pessoas e proclamou 432 como santas: entre elas o **Padre Pio de Pietrelcina**, o frade capuchinho com os estigmas; **Maximiliano Kolbe**, um sacerdote polonês que no campo de concentração de Auschwitz se ofereceu no lugar de um condenado; **Edith Stein**, judia que se converteu ao catolicismo, tornou-se freira e morreu em Auschwitz. Os predecessores de João Paulo II, durante 400 anos, tinham proclamado no total somente 300 santos. Segundo o Martirológio romano, o livro que estabelece as festas litúrgicas do calendário dos santos, são veneradas na Igreja Católica cerca de **6.538 pessoas entre santos e beatos**.

Edith Stein   Maximiliano Kolbe

TODOS OS PAPAS

Na história da Igreja tivemos até hoje **266** papas, dos quais **217 foram italianos**. Francisco é o primeiro Papa das Américas. Alguns Papas faziam parte de congregações religiosas: beneditinos, dominicanos, franciscanos e jesuíta (Papa Francisco).

Entre os Papas do século passado há somente um santo: Pio X, que morreu em 1914. Deve-se a ele o catecismo que leva seu nome. Depois do Concílio Vaticano II, o catecismo teve sua linguagem renovada, para melhor atender as necessidades de uma sociedade em contínua evolução, e se diversificou por faixas etárias.

Recentemente também houve dois Papas beatos: João XXIII e João Paulo II, ambos com data de canonização marcada para 27 de abril de 2014.

Beatificação de João Paulo II

O Papa viaja muito?

A Igreja Católica é tão grande quanto o mundo, e os Papas, depois de Paulo VI, fizeram viagens pastorais ao estrangeiro para encontrar os fiéis.

Até os anos 60 do século passado, o Papa dificilmente saía de Roma e a única possibilidade de vê-lo era ir numa peregrinação para a capital italiana. João XXIII fez apenas uma viagem, uma peregrinação de trem ao santuário de Nossa Senhora de Loreto: permaneceu praticamente toda a viagem junto da janela do trem com a mão erguida, cumprimentando a multidão que o acompanhou por quilômetros e quilômetros.

Paulo VI inaugurou a era das viagens ao exterior durante o Concílio Vaticano II, quando, em 1964, foi à Terra Santa e ao Líbano. Entre suas viagens devemos lembrar a de 1965 a Nova York, onde proferiu um célebre discurso na ONU: "A paz deve guiar os destinos dos povos e da humanidade inteira!".

Antes dele, o último Papa que esteve fora da Itália foi Pio VII (1800-1823), e, com certeza, não o fez de livre vontade: foi obrigado por Napoleão Bonaparte a se exilar em Fontainebleau (França) porque se tinha recusado a anular o casamento dele.

O recorde absoluto de viagens cabe a João Paulo II, um autêntico missionário da fé. Em seu longo pontificado, fez 104 viagens no mundo inteiro, visitando 127 países. O Papa transcorreu 9.665 dias viajando, percorrendo 1.162.008 quilômetros, ou seja, o equivalente a 29 voltas ao redor do planeta e três vezes a distância que separa a Terra da Lua. Em algumas dessas viagens fez escalas em diversos países, sendo o recorde absoluto nove, quando, em 1983, em oito dias visitou Lisboa (Portugal), Costa Rica, Nicarágua, Panamá, El Salvador, Guatemala, Honduras, Belize e Haiti.

BENTO E O ARCO-ÍRIS

Bento XVI, seguindo o exemplo de João Paulo II, levou adiante a missão de uma "Igreja peregrina", que vai ao encontro de seus fiéis. Em seus oito anos de pontificado, fez 24 viagens (Turquia, Estados Unidos, Austrália, Cuba, Angola, Chipre, Reino Unido, Brasil, Espanha...). Uma das mais significativas foi aquela à Polônia, em especial ao campo de concentração de **Auschwitz**, onde morreram centenas de milhares de pessoas, principalmente judeus, nas mãos dos alemães. Ele, um Papa alemão, participou de um encontro de preces em hebraico. Esse **encontro de reconciliação** foi abençoado com o aparecimento de um arco-íris, símbolo da paz e da unidade entre o céu e a terra.

Seul, Coreia, 1984

Augusta Westland VH-139

O país que mais vezes visitou (nove vezes) foi a Polônia, sua pátria.

Com essas viagens apostólicas, João Paulo II cobriu uma distância muito maior do que aquela feita por todos os outros Papas juntos.

Em quase todos os países visitados, era a primeira vez que aparecia um Papa. As missas celebradas eram assistidas por um oceano de pessoas. Ficou famosa a de Dublin, capital da Irlanda, em 1979, ao ar livre, com um milhão de pessoas, cerca de um quarto de toda a população irlandesa. Em 2001, quando já estava doente, durante uma viagem nas pegadas de São Paulo, foi o primeiro a entrar na Grécia (onde a religião é ortodoxa) em mais de mil anos, e o primeiríssimo a visitar uma mesquita em Damasco, na Síria.

OS VOOS DE HELICÓPTERO

Um dos meios mais usados pelo Papa para seus deslocamentos, mesmo curtos (por exemplo, quando vai para Castel Gandolfo no verão), é o helicóptero, um **Augusta Westland VH-139** branco, da 31ª Unidade da Força Aérea Militar Italiana. O modelo anterior, um **SH-3D**, foi aposentado e pode ser visto no Museu Histórico de Vigna di Valle, no lago Bracciano. O helicóptero é usado também pelas altas autoridades do Estado italiano, em especial pelo Presidente da República.

31

Como o Papa se relaciona com as crianças?

O Papa nutre uma ternura especial pelas crianças, testemunhas da vida que nasce e se renova, da pureza e da inocência, do amor dos pais, da família e de toda a comunidade.

O Papa se move entre a multidão. Gente com os braços estendidos, que agita bandeirolas e tenta tocá-lo, apertar-lhe a mão. Acima das cabeças alegres, erguido pelos braços dos pais, eis um menino de poucos meses. O Papa percebe sua presença, para, se aproxima daquela figura roliça, a envolve com suas mãos, sorri ao olhá-la, como se tivesse diante da mais encantadora das maravilhas, e a beija.

Além de gestos desse tipo, o Papa demonstra ter atenção especial para com as crianças através de palavras. Como, por exemplo, no célebre *Discurso da Lua* pronunciado em 11 de outubro de 1962 pelo Papa *João XXIII*, por ocasião da noite de abertura do Concílio Vaticano II, numa Praça de São Pedro apinhada de fiéis.

"Meus caros filhos, ouço suas vozes. A minha é só uma voz, mas resume a voz do mundo inteiro. Aqui todo o mundo está representado. Até se poderia dizer que a lua nesta noite se apressou – vejam-na lá no alto – assistindo a este espetáculo... Voltando para casa, vão encontrar as crianças. *Façam-lhe um carinho e digam*: este carinho é do Papa. Se encontrarem algumas lágrimas, digam uma palavra gentil: o Papa está aqui conosco, principalmente nos momentos de tristeza e de amargura."

BATISMOS, COMUNHÕES ESPECIAIS

O Papa também dedica encontros especiais para as crianças e jovens. Por exemplo, no primeiro domingo após o dia 6 de janeiro, quando se comemora o **Batismo de Jesus**, o Papa batiza um grupo de recém-nascidos. Por ocasião de visitas às paróquias romanas, ele próprio ministra a Primeira Eucaristia das crianças. Responde as suas perguntas quando se encontra com elas nas audiências privadas em Roma e durante as suas viagens. Visita as crianças que sofrem nos hospitais, lê as cartas que lhe enviam. Há também encontros com pequenos grupos, até mesmo do outro lado do oceano, como quando **Bento XVI**, em 2012, falou a todos os jovens crismados em Milão, no Estádio Meazza, dizendo: "Caros jovens, digo-lhes com vigor: devem se voltar para os ideais elevados. Todos podem chegar lá no alto, não só alguns! **Sejam santos**! Mas é possível ser santo na idade de vocês? Eu lhes respondo: É claro!".

João Paulo II, em 1994, no término do Ano da Família, dedicou às crianças uma de suas numerosas cartas: "Como as crianças são importantes aos olhos de Jesus! [...] Até seria possível lê-lo, no seu todo, como o 'Evangelho das Crianças'. O que na verdade quer dizer: 'Se não se converterem e se tornarem como crianças, não entrarão no Reino dos Céus?'. Jesus não está pondo a criança como modelo para os adultos? Na criança existe algo que jamais deve faltar em quem deseja entrar no Reino dos Céus. Estão destinados a irem para o céu aqueles que são simples como as crianças, que estão repletos de uma entrega confiante, ricos de bondade e puros".

Em janeiro de 2001, por ocasião do encerramento do Jubileu, dirigiu-se às crianças dizendo: "Caros amigos, vocês que hoje são crianças e jovens formarão amanhã a primeira geração de cristãos adultos do terceiro milênio. Como é grande sua responsabilidade!... Estou mirando longe e rezo por vocês. Conservem, caros jovens, o lume da fé bem alto e luminoso, pois nesta noite eu o confio idealmente a vocês e a seus coetâneos de todos os lugares da terra. Com essa luz iluminem os caminhos da vida, incendeiem o mundo com o amor!".

JOVENS DO MUNDO INTEIRO

Desde 1985 se realiza todos os anos, no Domingo de Ramos, a **Jornada Mundial da Juventude** (JMJ), durante a qual o Papa se encontra com jovens de todo o mundo que se reúnem em peregrinação a Roma. A cada três anos a Jornada se torna internacional (e dura mais dias), é sempre celebrada na presença do Papa e cada vez em uma cidade diferente. As últimas, na ordem, foram Colônia (Alemanha, 2005), Sydney (Austrália, 2008), Madri (Espanha, 2011), Rio de Janeiro (Brasil, 2013). A JMJ de 2016 está programada para ser em Cracóvia (Polônia).

Como era o Papa Francisco quando criança?

*Jorge era uma criança vivaz, mas obediente, que gostava de jogar **futebol** na rua no bairro das Flores, em Buenos Aires.*

Entre as centenas de milhares de italianos que deixaram sua pátria para encontrar trabalho e fazer fortuna na Argentina estava também Mario Bergoglio, o pai do futuro Papa. Tinha 24 anos de idade e, com seus pais Giovanni Angelo e Rosa, partiu de Portacomaro, na província de Asti, para embarcar no porto de Gênova e atravessar o oceano: o destino era **Buenos Aires**, para onde já tinham ido outros três tios dele.

O jovem começou a trabalhar como ferroviário e, depois, encontrou uma jovem, Regina Maria Sivori, também de origem piemontesa por parte de mãe. O primeiro de seus filhos foi Jorge, que nasceu em 17 de dezembro de 1936. Treze meses após chegou **Oscar**, e aí **Marta** e **Alberto**. Jorge era, pois, o filho mais velho. Uma família muito religiosa, que não era rica, mas na qual não faltava nada. Desde criança Jorge, à noite, depois do jantar, jogava bisca com o pai e ouvia pelo rádio as partidas de futebol ou **óperas líricas**, a paixão de seu pai. E aos domingos costumavam ir ao estádio torcer pelo São Lourenço. Sua preparação para os sacramentos (na época se faziam juntas a Crisma e a Primeira Eucaristia) foi feita pela irmã Dolores, do Colégio de Nossa Senhora das Dores. Jorge, mesmo quando se tornou padre e, depois, bispo e cardeal, continuou a ir encontrar as irmãs do colégio e a entreter as crianças que ainda estudavam ali.

Quando Jorge tinha 12 anos nasceu sua última irmã, **Maria Elena** (a única ainda viva, dentre seus irmãos, no momento de sua eleição), e a mãe, depois

VOLTA PARA SUA PÁTRIA

Na infância, o Papa Francisco era muito ligado à avó Rosa. Adorava suas histórias sobre a Itália e aprendeu com ela também o dialeto piemontês. Por ocasião de uma viagem à Itália para o conclave, em 2005, ele voltou a **Portacomaro** (que atualmente possui cerca de dois mil habitantes) para conhecer seus parentes italianos. E, antes de deixar o vilarejo nas colinas, quis levar consigo um punhado de sua terra.

do parto, ficou paralisada. Jorge teve, então, de cuidar da casa e, principalmente, de preparar as refeições, sob orientação da mãe. Enquanto ainda estava no ensino médio, o pai quis que começasse a trabalhar: Jorge fazia limpeza na fábrica de meias em que o pai era contador. Mais tarde, matriculado no Instituto de Química Industrial, de manhã trabalhava num laboratório de análises e, à tarde, ia à escola.

Sua família lhe transmitiu os valores da fé, da humildade e do esforço, mas também o gosto de estarem juntos e se sentirem alegres.

Avó Rosa

DOIS PAPAS E O TANGO

Como bom argentino, quando jovem Jorge Bergoglio era dançarino de tango. Uma dança e uma música das quais continuou a gostar. Bem antes dele, no início de 1900, outro Papa também se relacionou com o tango. Trata-se de **Pio X** (depois proclamado santo), que, para conhecer essa nova dança que chegara da Argentina e vinha provocando escândalo dentro da Igreja – tanto que algumas autoridades queriam proibi-la –, pediu a dois dançarinos de tango que fizessem uma exibição para ele. Terminada a dança, o Papa Pio X exclamou: "Na minha opinião, a dança da **furiana** (uma dança popular veneziana, sua terra de origem) é mais bonita, mas não vejo que grandes pecados existam nessa nova dança!". E assim os católicos também puderam dançar o tango.

Quando é possível ver o Papa?

Todas as semanas há dois encontros marcados fixos nos quais o Papa aparece para as multidões de fiéis: o Angelus e a Audiência geral.

Papamóvel

Aos domingos e em dias festivos, às 12h, o Papa aparece na janela do Palácio Apostólico, que dá para a Praça de São Pedro, para rezar o *Angelus*, uma prece dedicada a Maria. Nas quartas-feiras, às 10h30, acontece a chamada Audiência geral (do verbo *audire*, ouvir), quando o Papa, além de falar, escuta os fiéis. Qualquer um pode participar da Audiência geral de forma gratuita e livre. Por motivos de segurança, quem cuida da proteção do Papa deve saber o número de pessoas que estarão presentes e o nome de cada uma. É necessário, pois, reservar com um pouco de antecedência e conseguir um bilhete de entrada através de associações ou casas de hospedagem de peregrinos reconhecidas pela Santa Sé.

As audiências durante os meses mais quentes são feitas ao ar livre, na Praça de São Pedro. O Papa, sentado num baldaquim, abençoa pessoas e objetos (rosários, imagens sagradas) e, muitas vezes, profere uma saudação personalizada, na língua de alguns grupos de peregrinos. No período mais frio e nos dias chuvosos, as audiências são feitas do lado de dentro, no Salão Paulo VI. Em ambos os casos, é preciso se colocar em fila para passar pelos controles de segurança.

Nesses encontros, além das saudações, dos beijos nas crianças e nos enfermos e da troca de presentes, o Papa estimula os fiéis, exorta-os ao caminho da fé, chama-os para o amor, o empenho, a esperança. Eis, por exemplo, algumas palavras do Papa Francisco durante

OS PRESENTES MAIS ESTRANHOS

Durante as audiências os fiéis comuns, mas também políticos ou personagens famosos, muitas vezes oferecem presentes ao Papa. Objetos sagrados, livros, quadros, medalhas, mas também coisas de uso comum, algumas vezes até bizarras. Eis alguns: **o volante de um automóvel Ferrari**, uma bicicleta de corrida, um trator, um *trailer*, um bloco de multas, camisas de jogador de futebol com o nome do Papa impresso; galinhas, uma tartaruga, **um crocodilo cubano** (doado ao Jardim Zoológico Ecológico de Roma). Se é pouco compreensível que um fiel comum queira dar um presente que não seja adequado ao Papa, mais difícil ainda é entender quando os presentes extravagantes são dados por personagens políticos: João Paulo II recebeu **um alfanje**, **uma espécie de espada**, do presidente do Iêmen, e a coleção completa de videocassetes de uma famosa série da TV, do então presidente do Irã.

Os presentes mais valiosos vão para os museus do Vaticano ou para a Biblioteca do Vaticano. Outros acabam num armazém especial para serem depois doados. Já os alimentos, entre os quais grandes quantidades de colombas e **ovos de Páscoa**, vão para os institutos religiosos ou para os pobres.

a audiência de quarta-feira: "Aos olhos de Deus somos todos iguais, todos, todos nós! Mas talvez alguém possa dizer: 'Escute, senhor Papa, o senhor não é igual a nós'. Sim, sou como qualquer um de vocês, somos todos iguais, somos todos irmãos! Ninguém é anônimo: todos nós formamos e construímos a Igreja".

O Papa, durante as audiências na Praça de São Pedro, ou em outros encontros em Roma e durante suas viagens apostólicas, viaja a bordo de um veículo especial de transporte, batizado de papamóvel, de cor branca, com a chapa SCV 1. Depois do atentado à vida de João Paulo II, que ocorreu na Praça de São Pedro, em 1981, foram providenciados veículos blindados e com vidros à prova de balas, usados principalmente para sair dos limites protegidos e vigiados do Vaticano. O Papa Francisco adotou um papamóvel parcialmente sem capota para provar sua proximidade dos fiéis e sua confiança.

SELOS E DEMAIS OBJETOS

O semblante do Papa é usado nos mais variados objetos. As bancas em Roma, principalmente aquelas na Praça de São Pedro, oferecem, aos peregrinos e turistas, xícaras, leques, lenços, calendários, **santinhos**, rosários, bandeirinhas. O reconhecimento mais oficial é aquele efetuado pelos correios do Vaticano, da Itália e de outros países do mundo. O departamento filatélico e numismático do Vaticano, por exemplo, dedicou ao Papa Francisco uma série de **quatro selos**: com o Papa sorrindo, de perfil, concentrado rezando e acenando.

Salão Paulo VI

Quais são as mensagens do Papa Francisco?

O Papa Francisco não economiza cumprimentos e apertos de mão, sorrisos e gestos afetuosos. Suas palavras de ordem são **humildade e simplicidade**.

Simplicidade

Desde o instante em que apareceu na sacada e saudou os fiéis com um simples "boa-tarde", seguido de um sorriso bondoso e radiante, o Papa Francisco mostrou o semblante de um autêntico pastor que guia com firmeza e amor o seu rebanho. Roupas essenciais, sem luxo, grande autonomia nas incumbências comuns diárias, como, por exemplo, quando se serve sozinho no refeitório, quando carrega sua maleta pessoal ao subir a bordo de um avião ou ao descer. A fim de infundir coragem e criar uma corrente de simpatia, ele se utiliza de gestos desenvoltos, como o de erguer o polegar. Com os fiéis instaurou um simples e alegre ritual: troca seu solidéu com outros chapéus que lhe são oferecidos.

É capaz de gestos de profunda humildade, um deles foi quando quis, na quinta-feira antes da Páscoa, lavar os pés de jovens presidiários, menores de idade, em Roma. Sua primeira viagem foi a Lampedusa, a ilha italiana mais próxima da África, na qual atracam as barcas da esperança, repletas de fugitivos à procura de uma vida melhor. Mas são muitos os que morrem

A PRECE DOS CINCO DEDOS

Muitos anos antes de se tornar Papa, o bispo de Buenos Aires, Jorge Bergoglio, escreveu uma prece muito simples, que se tornou popular na Argentina.

O polegar é o seu dedo mais próximo. Comece a rezar, pois, por aqueles que lhe estão mais próximos. São as pessoas das quais nos lembramos mais facilmente. Rezar pelas pessoas queridas é "uma doce obrigação".

O dedo seguinte é o **indicador**. Reze por aqueles que ensinam, educam e curam. Nesta categoria se incluem os mestres, professores, médicos e sacerdotes. Eles precisam de apoio e sabedoria para indicar às pessoas a direção certa. Lembre-se sempre deles em suas preces.

O dedo seguinte é **o mais alto**. Faz-nos lembrar de nossos governantes. Reze pelo presidente, pelos parlamentares, empreendedores e dirigentes. São as pessoas que gerenciam o destino de nossa pátria e influenciam a opinião pública... Eles precisam da orientação de Deus.

Modernidade

durante a viagem. "Achei que deveria vir aqui rezar para despertar as consciências", ele disse.

As palavras com as quais se dirige aos fiéis são claras e chegam ao coração de todos. Palavras nas quais podemos encontrar todos os dias encorajamento para sermos sempre melhores e não nos deixarmos desanimar pelas dificuldades.

Eis algumas de suas frases que podemos entesourar:

"Estamos com raiva de alguém? Rezemos por essa pessoa. Isto é o amor cristão."

"É preciso cuidar das pessoas, cuidar de cada uma com amor, especialmente das crianças, dos idosos, dos que estão mais frágeis e, muitas vezes, na periferia do nosso coração."

"Caros jovens, não enterrem os talentos, os dons que Deus lhes deu. Não tenham medo de sonhar grandes coisas."

"Não sejam homens tristes, não se deixem dominar pelo desânimo, não permitam que lhes roubem a esperança."

"Todo cristão deve sempre bendizer, falar bem de si mesmo e dos outros."

"A verdadeira alegria não vem das coisas, do ter, de jeito nenhum! Nasce do encontro, da relação com os outros; nasce do sentimento de ser aceito, compreendido, amado e do aceitar, compreender e amar."

Inculturação

O quarto dedo é **o anular**. Muitos ficarão surpresos, mas esse é o nosso dedo mais fraco, como qualquer professor de piano pode confirmar. Está ali para nos lembrar de que devemos rezar pelos fracos, por quem tem que enfrentar desafios, pelos doentes. Eles têm necessidade de nossas preces dia e noite. Rezar por eles nunca será demais. E esse dedo está aí também para nos convidar a rezar pelos casais.

E, por último, chegamos ao nosso dedo **mindinho**, o menor de todos, tão pequeno como devemos nos sentir perante Deus e o próximo. Como está na Bíblia: "Os últimos serão os primeiros". O mindinho nos lembra de que devemos rezar por nós mesmos... Depois que tiver rezado por todos os outros, poderá entender melhor quais são as suas necessidades, vendo-as de uma perspectiva correta.

Humildade

39

*"Fui padre e fui feliz,
e como bispo fui feliz...
Também como Papa...
Quando o Senhor o coloca ali,
se fizer aquilo que o Senhor lhe pede, você é feliz."*

Papa Francisco

FULVIA DEGL'INNOCENTI é diretora de *O Giornalino* desde 1994, e colabora com o *GBaby* mensal para Paulinas; ela dirige a coleção *O parque de histórias*, para jovens. Publicou cerca de trinta livros, entre contos, álbuns ilustrados e romances para crianças e para jovens adultos.

SILVIA COLOMBO nasceu em 1978, em Brianza, onde vive e trabalha. Formada em Artes, completou sua formação na escola de Artes e Mensagem, de Castelo Sforzesco, de Milão. Trabalhou, primeiramente, em ilustrações naturalísticas, mas seu sonho foi sempre o de ilustrar fábulas e narrativas para encantar pequenos e grandes, com a magia das cores. Ela firma-se assim na área de ilustração para crianças, e já colaborou com diversos periódicos infantis, com publicações em diversas editoras.

Sumário

Quem é o Papa?..2
O que faz um Papa?..4
Como o Papa é eleito?..6
Como o Papa escolhe seu nome?...8
Por que o Papa se chama Francisco?..10
O que fazia Francisco antes de ser Papa?...12
Que vestimenta é usada pelo Papa?..14
Quais são os símbolos do Papa?...16
Que língua o Papa fala?..18
Onde o Papa vive?..20
Como o Papa passa os dias?...22
Como é constituída a igreja do Papa?..24
Quanto tempo dura um pontificado?..26
Os Papas são santos?..28
O Papa viaja muito?...30
Como o Papa se relaciona com as crianças?..32
Como era o Papa Francisco quando criança?..34
Quando é possível ver o Papa?..36
Quais são as mensagens do Papa Francisco?...38